BEI GRIN MACHT SICH IHR WISSEN BEZAHLT

Marike Schmidt-Glenewinkel

„Natalie - Endstation Babystrich" - Kein zufälliger Quotenerfolg

GRIN Verlag

Bibliografische Information der Deutschen Nationalbibliothek:

Die Deutsche Bibliothek verzeichnet diese Publikation in der Deutschen National-
bibliografie; detaillierte bibliografische Daten sind im Internet über http://dnb.d-
nb.de/ abrufbar.

Impressum:

Copyright © 2005 GRIN Verlag GmbH
Druck und Bindung: Books on Demand GmbH, Norderstedt Germany
ISBN: 978-3-638-67527-7

Dieses Buch bei GRIN:

http://www.grin.com/de/e-book/71461/natalie-endstation-babystrich-kein-zufaelli-
ger-quotenerfolg

GRIN - Your knowledge has value

Der GRIN Verlag publiziert seit 1998 wissenschaftliche Arbeiten von Studenten, Hochschullehrern und anderen Akademikern als eBook und gedrucktes Buch. Die Verlagswebsite www.grin.com ist die ideale Plattform zur Veröffentlichung von Hausarbeiten, Abschlussarbeiten, wissenschaftlichen Aufsätzen, Dissertationen und Fachbüchern.

Besuchen Sie uns im Internet:

http://www.grin.com/

http://www.facebook.com/grincom

http://www.twitter.com/grin_com

Universität Hamburg
Institut für Germanistik II

Wintersemester 2004/2005

„Natalie- Endstation Babystrich"
Kein zufälliger Quotenerfolg

Erstellt von:
Marike Schmidt-Glenewinkel

Inhaltsverzeichnis:

1. Ziel der Arbeit

In dieser Arbeit sollen am Beispiel des TV-Movies „Natalie Endstation Babystrich" idealtypische Merkmale und Charakteristika dieser Art des Fernsehfilms herausgearbeitet werden. Im zweiten Teil der Arbeit werden durch die Analyse des Filmanfangs und ausgewählter Sequenzen Erzählstrategien und Dramaturgie eines TV-Movies verdeutlicht.

Dieser TV-Movie wurde ausgewählt, da er eine große Bandbreite an spezifischen TV-Movie Merkmalen aufweist, sowie eine große Resonanz beim Publikum fand.

Der Film entstand in den Anfangsjahren der Eigenproduktionen von kommerziellen Fernsehsendern. Die Erstausstrahlung am 23.11.1994 bei Sat.1 sahen über acht Millionen Menschen. Der TV-Movie war so erfolgreich, dass bis heute vier weitere Teile der Natalie Reihe folgten.[1]

Im Folgenden wird ein Einblick in die Entstehungsgeschichte von TV-Movies in Deutschland gegeben.

Der Hauptteil der Arbeit untersucht die Auswirkungen von kommerzieller Ausrichtung auf die Darstellung, Themenwahl und Erzählstrategie.

1.2. Geschichte des TV-Movies in Deutschland

Die kommerziellen Sender in Deutschland orientierten sich bei der Entwicklung deutscher TV-Movies stark am amerikanischen Vorbild. In den USA entstanden bereits Ende der 60er Jahre kostengünstige, speziell für das Fernsehen produzierte Filme[2], die (wie später auch in Deutschland) unter Reihentiteln wie „Movie of the week" beachtliche Erfolge erzielen konnten.

In Deutschland war die Eigenproduktion von Fernsehfilmen bis Anfang der 90er Jahre eine Domäne des öffentlich-rechtlichen Fernsehens. Die Fernsehfilme galten als anspruchsvoll und qualitativ hochwertig. Viele heute bekannte Regisseure begannen ihre Karriere mit Fernsehfilmen für die öffentlich-rechtlichen Sender.

---

[1] Natalie II – Die Hölle nach dem Babystrich (1997), Natalie III – Babystrich online (1998), Natalie IV – Das Leben nach dem Babystrich (2001), Natalie V – Babystrich Ostblock (2003). Alle bei Sat.1
[2] Vgl.: Köhler, Heinz-Jürgen in: TV-Movies Made in Germany Struktur, Gesellschaftsbild, Kinder- und Jugendschutz Bd.1 (2000), S.32

Die kommerziellen Fernsehsender kauften bis Anfang der 90er Jahre vor allem amerikanische Serien ein. Doch das Einkaufen amerikanischer Produktionen wurde immer kostspieliger und auch der Ereignischarakter wurde durch immer kürzere Lizenzzeiten gemindert.[3] So begannen RTL und Sat.1 1993 mit der Produktion eigener fiktionaler Fernsehfilme.[4] Dabei übernahmen sie den in den USA etablierten Begriff TV-Movie, der auch als Abgrenzung zum öffentlich-rechtlichen Fernsehfilm zu sehen ist. Eine neue Art des Fernsehfilms sollte etabliert werden.[5] Der Kampf um die Einschaltquote sollte mit emotionsgeladenen deutschen Geschichten an deutschen Schauplätzen gewonnen werden, die zudem eine kostengünstige Alternative darstellten.[6] Die häufigsten Formen sind der Thriller und das Melodram, melodramatische Formen beinhalten oft zusätzliche Elemente des Kriminalfilms, um weitere Spannungsmomente einzubauen. Gerade in den Anfangsjahren des TV-Movies ging es darum sich sowohl inhaltlich als auch stilistisch von dem öffentlich-rechtlichen Fernsehfilm abzugrenzen. Ein schneller Einstieg in die Geschichte, schnelle Schnitte, attraktive Oberflächen und eine „effektvolle Soundgebung"[7] sollen diesen Eindruck vermitteln. Es werden keine komplizierten, sozialkritischen Geschichten präsentiert, sondern Einzelschicksale mit denen sich der Zuschauer identifizieren soll.

Im Gegensatz zum Fernsehspiel und Fernsehfilm der öffentlich-rechtlichen Sender ging/geht es den kommerziellen Sendern vornehmlich um den ökonomischen Nutzen sprich eine hohe Quote. Dies führt zur Herausbildung spezifischer Anforderungen an ein TV-Movie, auf die im Folgenden noch genauer eingegangen wird.

---

[3] Vgl.: Bleicher, Joan Kristin: Fernsehen als Mythos (1999), S. 186
[4] Vgl. Davies, Sam: Quotenfieber (2000), S.27
[5] Anm.: Im Gegensatz zum Autorenfilm lassen sich TV-Movies als Genrefilme definieren, die eine bestimmte Erlebniswelt und bestimmte Emotionen versprechen Vgl.: Hickethier, Knut in dg 2/2000: Dramaturgische Gesellschaft, Jahrestagung Berlin, Dezember 2000, S.9
[6] Vgl. Köhler, Heinz-Jürgen in: TV-Movies Made in Germany Bd.1, S.32f.
[7] Vgl. Hickethier, Knut in: dg 2/2000: Dramaturgische Gesellschaft, Jahrestagung Berlin, Dezember 2000, S.5

1.3. Anforderungen der Sender an ein TV-Movie

Die Distributionsgegebenheiten bestimmen das Produkt, künstlerische Aspekte sind klar den kommerziellen Gesichtspunkten untergeordnet, was zählt ist die Quote. Somit sind TV-Movies schon in der Themenwahl, der Darstellung und der Dramaturgie eingeschränkt.

Um die Kosten der Produktion zu decken,[8] muss ein TV-Movie bei der Erstausstrahlung eine Quote von mindestens 15-20% in der werberelevanten Zielgruppe der 14-49jährigen erreichen und möglichst dreimal wiederholbar sein. Deshalb wird der TV-Movie exzessiv mit Trailern beworben und so zu einem Programmereignis stilisiert. Beliebt sind Zusätze wie Weltpremiere oder Reihentitel wie z.B.: „Der große TV Film", die dem Film eine zusätzliche Exklusivität zusprechen sollen.[9] Der Erfolg eines TV-Movies hängt dementsprechend stark vom Marketing des Senders ab, weshalb verschiedene Werbestrategien angewandt werden und möglichst crossmedial promotet wird. So sind die Themen eines TV-Movies meist auch in anderen sendereigenen Magazinen präsent, was dem Zuschauer den Realitätsgehalt des Films bestätigen soll,[10] aber auch die Erstausstrahlung an sich immer wieder in Erinnerung ruft. Vor der Erstausstrahlung wird ein TV-Movie meist mit unterschiedlichen Trailern zu verschiedenen Sendezeiten beworben. Zur Optimierung der Zuschauerbindung haben die TV-Movies einen festen Platz im Programm eines Senders und werden wochentags zur Hauptsendezeit um 20:15 Uhr ausgestrahlt.[11] Die Macht der Quote ist allgegenwärtig, da die Produktion ausschließlich aus Werbeeinnahmen refinanziert werden muss. So setzen die Sender auf leichte Unterhaltung für eine breite Masse,[12] nicht die

---

[8] „Budgets für die ( ) Eigenproduktion von TV-Movies liegen ( ) in der Regel zwischen zwei und drei Millionen DM für 90 Minuten Nettosendezeit." Wulff, Hans J: TV-Movies Made in Germany Bd.1, S.47
[9] „Unser Ziel war es, *Der große TV Roman* zu einem Symbol für blindes Vertrauen in unsere Filmwahl zumachen; es sollte eine einzigartige Form von Filmreihe ohne ein bestimmtes, immer wiederkehrendes Thema und ohne dieselben Charaktere werden, also keine Serie im herkömmlichen Sinne." Sam Davies in Quotenfieber, S.33
[10] Vgl. Bleicher, Joan Kristin: Das kleine Kino S.2
[11] Vgl. Müller, Eggo in: TV-Movies made in Germany Bd.1, S.46
[12] Anm.: Die Ausrichtung auf Massenkompabilität hat oft zur Folge, dass dem Film ein eher konservatives Wertmodell zugrunde liegt.

Qualität der Geschichte oder die Originalität stehen im Fokus sondern Emotionen und Erlebnisversprechen.

Ein wichtiges Kriterium für den TV-Movie ist also die leichte Rezipierbarkeit für den Zuschauer, auch später einschaltende Zuschauer sollen sich spontan in der fiktiven Welt zurechtfinden. Aus diesem Grund präsentiert der TV-Movie etablierte Klischees und stereotype Erzählmuster.[13] Die Stereotypisierung geschieht nicht nur in der Vereinfachung der Geschichte sondern teils auch in der Vereinfachung der Bilder. „Die effektvolle Darstellung [...] ersetzt die differenzierte Behandlung eines Themas.“[14] Der Verlauf der Geschichte ist vorhersehbar, Gut und Böse werden stark vereinfacht dargestellt, alles zielt darauf ab die vom Zuschauer erwarteten Emotionen zu erfüllen, worunter oftmals die Qualität leidet. Genau diese Ausrichtung auf ein Erlebnisversprechen für den Zuschauer und das damit verknüpfte Emotionsversprechen scheinen aber den Erfolg auszumachen und vom Zuschauer gewünscht zu sein.

Somit sind bis auf wenige Ausnahmen zur Profilierung des Image eines Senders, wie zum Beispiel der 1996 Grimme – Preis - gekrönte TV-Movie „Der Sandmann“[15], TV-Movies als leichte Fernsehunterhaltung zu betrachten, die an den Zuschauern weder besondere Verstehens- oder Interpretationsanforderungen stellen noch Überraschungen bieten.

Das Erlebnisversprechen des Titels und der Trailer wird eingehalten, das wissen die Zuschauer, wenn sie sich für den TV-Movie entscheiden.

2. Analysegegenstand „Natalie Endstation Babystrich"

2.1. Kurze Inhaltsangabe

Der Film wurde in Fernsehzeitungen sowohl als Gesellschaftsdrama als auch als Melodram angekündigt und beruht angeblich auf einer wahren Begebenheit. Gezeigt wurde den Zuschauern in einer Aneinanderreihung von Klischees das „Abrutschen" des naiven minderjährigen Mädchens Natalie (gespielt von Anne-Sophie Briest) in

---

[13] Siehe hierzu auch Davies, Sam: Quotenfieber S.99f und Bleicher, Joan Kristin: Das kleine Kino S.6
[14] Vgl.: Bleicher, Joan Kristin: Das kleine Kino, S.1
[15] Erstausstrahlung 1995 bei RTL II

die Prostitution.

Durch ihre Freundin Marion lernt Natalie erst den Fotografen Manfred kennen, der sie erpresst (er will Geld für die umgestoßene Kamera), und dort den Zuhälter Niko, in den sie sich verliebt. Von ihren Eltern unverstanden, fühlt sich Natalie gegenüber ihrer asthmakranken Schwester benachteiligt und vertraut sich ihren Eltern nicht an. Nach einem Streit mit den Eltern, reißt Natalie von zu Hause aus und flieht ausgerechnet zu Niko. Sie erkennt nicht, dass Niko seine Liebe nur vorspielt, um sie für sich auf den Straßenstrich zu schicken. Durch ihn gerät sie ahnungslos in das Rotlichtmilieu.

Ihre Situation wird beständig schlimmer, bis Natalie im Affekt von Georg Teuchert, dem Vater einer Freundin, fast erschlagen wird.

Die letzten Sequenzen des Films lassen alle Anzeichen für ein Happy End erkennen: Die Familie wacht am Krankenbett und Max, der Junge, der sie wirklich liebt steht im Türrahmen.

2.2. Die Wahl der Thematik

Mit der Wahl des Themas Kinderprostitution greift der TV-Movie ein Thema auf, das Mitte der 90er Jahre als aktueller gesellschaftlicher Diskurs anzusehen ist[16]. Dies ist sehr typisch für einen TV-Movie. Es werden keine neuen gesellschaftlichen Diskurse geschaffen, sondern bereits vorhandene aufgegriffen[17]. Die Ansiedlung des Themas im Milieu der Prostitution schafft einen voyeuristischen Anreiz. Die These Eggo Müllers[18]: „Soweit sich Stoffe am gesellschaftlichen Geschehen orientieren, werden Reizthemen des Boulevardjournalismus oder des Boulevardfernsehens entwickelt", wird bei diesem TV-Movie bestätigt. Schon der reißerische Titel, aber auch die Darstellung sind eindeutig boulevardesk. Diesem Film wird zusätzlich ein so genannter „True-Life-Story" Charakter verliehen, d.h. dem Zuschauer wird mitgeteilt, dass der Film nach einer wahren Begebenheit inszeniert ist. Dies suggeriert

---

[16] Es gab viele Initiativen von Hilfsorganisationen auf dieses Problem aufmerksam zu machen, neue Gesetze zum Schutz der Minderjährigen wurden eingebracht. Bücher wie „Christiane F. Wir Kinder vom Bahnhof Zoo" so hatten zu einer Sensibilisierung für dieses Problem beigetragen.
[17] Sam Davies betont die Wichtigkeit einer sofortigen Assoziation beim Zuschauer im Hinblick auf die Thematik. „Die Assoziation ist es, die zählt" in „Quotenfieber", S.31
[18] Müller, Eggo in: TV-Movies Made in Germany Bd.1, S.47

Authentizität des Gezeigten und verleiht der Geschichte eine zusätzliche Brisanz.

Die Mischung aus Aktualitätsbezug, Authentizitätscharakter und der Brisanz des Themas Kinderprostitution (insbesondere als Thema der Unterhaltung) sind somit gute Grundkonstanten in Hinblick auf eine hohe Einschaltquote. Unter dem Deckmantel vermeintlicher Aufklärung wird die Sensations- und Emotionslust der Zuschauer bedient, die sich dieser in solch einer Aufmachung nicht schämen müssen. Sam Davies[19] begründet die Wahl dieser Art von Thematiken wohlweislich anders, ihm zufolge „können TV-Movies auch als Massenforum zur Erforschung von gesellschaftlichen Missständen […] dienen, wie etwa der Prostitution […]". Dem TV-Movie gehe es darum „die Geschichte vom Standpunkt des Opfers aus zu erzählen

und damit das Trauma und nicht das Verbrechen selbst zu thematisieren."[20] Die Geschichte Natalies wird zwar aus ihrer Perspektive und somit der Opferperspektive erzählt, ihr Abstieg ins Milieu sowie die Entwicklung der Figuren bleiben jedoch so oberflächlich, dass von einer Erforschung gesellschaftlicher Missstände kaum die Rede sein kann. Vielmehr ist es die vermeintliche Nähe zur Welt der Zuschauer und die Wahl eines Einzelschicksals (Natalie aus „gutem" Hause gerät in den Strudel von Prostitution, Drogen und Alkohol), die Zuschauer anziehen soll. Durch diese Erzählstrategie wird suggeriert, dass das gezeigte Schicksal jeden treffen könnte. Die Personalisierung sowie die Eindeutigkeit der moralischen Bewertung erleichtert die Empathie und/oder Identifikation der Zuschauer mit Natalie. Diese wiederum ist/sind wichtig, damit der Zuschauer mitfiebert und nicht das Programm wechselt

2.3. Der Titel- eine wichtige Wahl

TV-Movies sollen sich in einem Satz, am besten mit einen Wort beschreiben lassen. Aus diesem Grund haben die Titel meist die Funktion einer kurzen Inhaltsangabe[21] und geben dem Zuschauer schon damit ein erstes Erlebnisversprechen. Die Titel sind immer leicht zu verstehen und

---

[19] Anm.: Sam Davies war seit 1993 einer der Hauptverantwortlichen für die TV-Movie Produktion bei RTL.
[20] Davies, Sam in: Quotenfieber, S.41
[21] Vgl. Schwarz, Olaf in: TV-Movies Made in Germany Bd.1, S.157

zeigen oft eine Nähe zu Boulevard Schlagzeilencharakter.[22] Der Titel „Natalie – Endstation Babystrich" (im Folgenden „Natalie") erfüllt nahezu alle idealtypischen Anforderungen. Der Inhalt ist mit dem Titel erzählt (Wir sehen den Weg eines „Mädchens" in die Prostitution), der Konflikt definiert und auch die Erwartung des Genre erfahrenen Zuschauers gelenkt. Er setzt sofort Assoziationen beim Zuschauer frei und öffnet einen bestimmten Erwartungshorizont. Ein besonderer Reiz für den Zuschauer wird durch die voyeuristische Perspektive und das Aufgreifen von gesellschaftlichen Tabus (hier Kinderprostitution) gegeben. Bei Titel wie diesem sind zudem Werte und moralische Position klar. Die Nähe des Titels zum Boulevardjournalismus aber suggeriert Sensationalität. Dem Zuschauer scheint „eine voyeuristische Perspektive auf Sensationelles, Schockierendes, `Skandalöses` und tendenziell gesellschaftlich Sanktioniertes oder Tabuisiertes"[23] eröffnet, die damit verknüpften Erwartungen und Emotionsversprechen sollen ihn zum Einschalten animieren.

2.4. Dramaturgie

Die Dramaturgie eines TV-Movies richtet sich nach ökonomischen Gesichtspunkten.[24] Anders als Kinofilme wird ein 90minütiger TV-Movie in Deutschland mindestens dreimal von Werbeblöcken unterbrochen, um rentabel zu sein. Die meisten TV-Movies haben eine klassische 3-Akte Struktur[25], durch die Werbung entsteht aber eine künstliche 4-Akte Struktur[26]. Bei „Natalie" sind es sogar vier Werbeunterbrechungen, also eine künstliche 5-Akt Struktur.

Der Zuschauer muss animiert werden trotz mehrmaliger Werbeunterbrechung nicht das Interesse zu verlieren. Die Dramaturgie ist zudem darauf ausgerichtet, dass auch später einschaltende Zuschauer

---

[22] Ebd. S.156f
[23] Ebd. S.157

[24] Vgl. Hickethier, Knut in: dg 2/2000: Dramaturgische Gesellschaft: S. 4: „Es geht nicht mehr in erster Linie darum, wie originell ist eine Geschichte, wie konsequent ist erzählt, wie überzeugend sind die Schauspieler, sondern darum, welche Versatzstücke brauche ich, um eine bestimmte Zielgruppe anzusprechen und wie kann ich sie kombinieren. Die Folge ist eine synthetische, nur auf die Einschaltquote, also nach ökonomischen Gesichtspunkten ausgerichtete Dramaturgie.
[25] Vgl. Bleicher, Joan Kristin in: TV Movies - „What´s the Difference, S.6
[26] Vgl. Davies, Sam in: Quotenfieber, S.107

sich schnell in der erzählten Welt zurechtfinden, weshalb die Geschichte meistens linear erzählt wird. Wichtige Informationen zum Verständnis werden vielmals gegeben,[27] so dass der Zuschauer nicht sehr aufmerksam sein muss, um entscheidende Wendungen zu verstehen.

Üblicherweise folgt die Dramaturgie dem klassischen Muster aus Exposition, Wendepunkt (Plot Point), Steigerung, Höhepunkt, erneutem Wendepunkt und der Auflösung des Konflikts.

Da der Zuschauer den Film mit Unterbrechungen ansieht, müssen vor jeder Werbeunterbrechung Anreize gegeben werden nicht umzuschalten. Deshalb enthält jeder Akt ein Plot Element[28], also auch ein Versprechen, dass etwas Neues, Aufregendes passieren wird. Auch die Verwendung von Cliffhangern vor einer Werbeunterbrechung galt lange als Strategie neugierig zu machen, was passieren wird.[29] Die durch die Werbeunterbrechung veränderte Dramaturgie wird deutlich, wenn man die einzelnen Akte betrachtet. Im TV-Movie entsteht Spannung überwiegend durch den Informationsvorsprung der Zuschauer.

Die Spannungskurve steigt nicht beständig an, sondern Kurzzeitspannung „ersetzt die großen spannenden Geschichten".[30] Die narrativen Bögen sind kürzer, der Konflikt wird in Überraschungsphasen immer neu formiert[31], so dass eine „periodische Bewegung von Spannung zu Spannung"[32] anstatt einer Spannungskurve entsteht[33]. Demzufolge gibt es keine stetige Weiterentwicklung der Dramaturgie und Steigerung der Spannung, sondern eine „Dramaturgie der mittleren Erregung."[34]

Eine besondere Rolle ist dem Filmanfang zuzuschreiben. Genretypisch sollen in den ersten Minuten das Thema und die Geschichte deutlich erkennbar sein, damit der Zuschauer weiß, was er erwarten kann. Dem Zuschauer wird schon zu Beginn nahe gelegt sich zu den Figuren und

---

[27] Vgl. Müller, Eggo in: TV-Movies Made in Germany Bd.1, S.47: Hieraus folgt eine„Hochgradige Redundanz der Informationsvergabe"
[28] Vgl. Hans J. Wulff. Ebd. S.224: Das Plot Element kann eine Richtung ankündigen, zum nächsten Akt überleiten oder für zusätzliche Spannung sorgen.
[29] Vgl. Bleicher, Joan in: TV-Movies - „What´s the Difference, S.7: „sanfte Unterbrechungen"
[30] Bleicher, Joan Kristin in: Das kleine Kino, S.7
[31] Wulff, Hans J.: TV-Movies Made in Germany, S.214
[32] Ebd. S.227
[33] Aus diesen Gründen sieht Hans J. Wulff „Serialität als fundamentale Eigenschaft der Erzählweise" Ebd. S.227
[34] Müller, Eggo. Ebd. S.47

Geschehnissen zu positionieren, d. h. es werden diverse Auslöser (cues) für Emotionen geboten. Schon in den ersten 3-5 Minuten soll der Zuschauer gefesselt werden, da der Filmanfang als besonders umschaltgefährdet gilt. Dies hat zur Folge, dass besonders spannende, erlebnisversprechende Szenen benötigt werden, um an den Anfang gesetzt werden zu können.[35] Typischerweise wird in kürzerer Zeit als beim Kinofilm die Exposition abgeschlossen.Auch das Filmende verfolgt standadisierte Muster, der gezeigte Konflikt wird aufgelöst und endet meist mit einem Happy End oder der Andeutung eines Happy Ends, das moralische Gleichgewicht wird wiederhergestellt. Der Zuschauer ist befriedigt, es bleiben keine offenen Fragen oder quälende Gedanken, denn der Zuschauer wird in seiner Lebens- und Wertewelt bestätigt.

3. Analyse der einzelnen Akte

Wie auch schon Sam Davies erkannte, sind TV-Movies qualitativ meist minderwertig,[36] was auch auf den untersuchten Film zutrifft.

In der Analyse soll es somit nicht darum gehen qualitative Mängel aufzuzeigen, sondern am Beispiel die charakteristische Erzählweise von TV-Movies aufzeigen.

Es werden keine besonderen Kameraeinstellungen verwendet, noch wird mit anderen Elementen der Filmgestaltung künstlerisch experimentiert. Der Film bedient typische Sehgewohnheiten der Zuschauer.

Es werden drei parallel verlaufende Handlungsstränge gezeigt,[37] die alle durch die Figur Natalie verknüpft sind (siehe zur Illustration Abb.1).

Ein Handlungsstrang erzählt die Geschichte der Beziehung von Natalie zu dem Zuhälter Niko. Ein zweiter Handlungsstrang behandelt das Familienleben und die familiären Probleme Natalies. Der dritte Handlungsstrang erzählt die Geschichte Georg Teucherts und dessen familiäre Probleme. Jeder der Handlungsstränge zeigt so aus anderer

---

[35] Vgl. Bleicher, Joan in: Das kleine Kino, S.9: Anders als im Kino wird im Fernsehfilm die Spannungssituation am Anfang positioniert, „um einen Programmwechsel zu verhindern."
[36] Vgl. Davies, Sam in: Quotenfieber S.68f
[37] Anmerkung: Sie werden dann zu einer Zopfdramaturgie zusammengefügt.

Perspektive ein Erklärungs- und Ursachenmodell für Natalies Schicksal.[38]

Neben den genannten Personen treten noch weitere handlungsvorantreibende Figuren auf, die häufig auch als Kontrastfiguren fungieren (Max als Kontrast zu Niko, Marion als Kontrastfigur zu Natalie) oder zur Verdeutlichung von Gefühlszuständen der Hauptfiguren dienen.

Die folgende Analyse versucht sich auf die Szenen zu beschränken, die dazu dienen Konflikte zu initiieren, voranzutreiben oder der Geschichte eine entscheidende Wendung zu geben.

Viele Szenen in denen Max auftritt werden nicht erwähnt, da sie die Handlung nicht entscheidend verändern. Er tritt als besorgter Freund auf, fungiert als Retterfigur. Die Figur ist eindimensional dargestellt, er ist die einzige rein positive Figur. Ähnlich zweckmäßig ist auch Marions Rolle funktionalisiert. Sie entspricht dem Stereotyp des „schlechten Umgangs". Aufreizend, von der Schule geflogen, eine Verführerin. Sie lockt Natalie unabsichtlich in ihr Verhängnis.[39]

Diese beschriebene, rein standardisierte Darstellungsweise der Figuren wird nur in der Darstellung von Niko übertroffen, die Art er sie verführt und gefügig macht, bedient sich aller typischen Klischees. Die altbekannte Geschichte - Zuhälter verführt Mädchen, um sie auf den Strich zu schicken - wird ein weiteres Mal erzählt. Der Einsatz von Musik dient vornehmlich der Andeutung von Geschehnissen oder der Charakterisierung von Figuren.

3.1. Der erste Akt

Der Einstieg in den Film ist abrupt und beginnt sofort mit einer dramatischen Situation. Der Zuschauer hört Sirenen; Polizei, Krankenwagen und ein roter Jeep fahren zu einem (Tat- Unfall-)Ort. Man sieht ein bewusstloses Mädchen und einen Tatverdächtigen, der abgeführt wird. Jede Sequenz bis zum Vorspann enthält neue Informationen, bietet

---

[38] Ob aufgrund der unterschiedlichen Perspektive auch unterschiedliche Erklärungsmodelle angeboten werden soll im späteren Teil der Arbeit noch genauer betrachtet werden.
[39] Vgl. Nitsche, Michael in: TV-Movies Made in Germany S. 90: Nebenrollen können zu Erfüllungsgehilfen der Wertepolarisierung degradiert werden. Durch antithetische Werteaktualisierung wird Handlungs- und Spannungspotential geschaffen. Die Rechtschaffenheit einer Person, wird durch die Unrechenschaft einer anderen hervorgehoben und konterkariert."

dem Zuschauer einen schnellen Einstieg in die Geschichte. Wie in 2.4. beschrieben, beginnt auch dieser Film typischer Weise mit einem an den Filmanfang gesetzten Spannungsmoment. Dem Zuschauer wird versprochen, dass er mehr sehen wird, als den im Titel versprochenen Weg eines Mädchens in die Prostitution. Das Mädchen kommt auch noch fast zu Tode[40]. In der folgenden Einstellung wird das Mädchen in den Krankenwagen verladen, sie ist auffällig blass. Ein Junge läuft auf sie zu ruft sie besorgt beim Kosenamen „Nati". Als er den Mann im roten Jeep entdeckt, rennt er los, ruft: „Ich bring dich um du Drecksau" und schießt mit einer Gaspistole auf ihn. Die anwesenden Polizisten entwaffnen ihn, er ruft: „Den müssen sie festnehmen, der war`s". Nach dieser Sequenz beginnt erst der Vorspann[41]. Sam Davies bezeichnet diesen Einstieg in einen Film als „grabber"[42]; als Köder der die Zuschauer fesseln soll. Schnelle Schnitte oder auch die Kamerafahrt auf dem Dach eines Polizeiwagens suggerieren spannende Unterhaltung.

Natalie ist von Beginn an in der Opferrolle, der Zuschauer wird animiert Empathie mit ihr zu fühlen, dieses Bild wird in den Szenen nach dem Vorspann intensiviert. Die besorgte Familie Schneider ist im Krankenhaus zu sehen. Frau Schneider macht sich und ihrem Mann Vorwürfe: „Wenn sie stirbt, dann ist das unsere Schuld!" Natalie wird nach der Operation durch den Flur geschoben. Hierbei setzt eine Melodie ein. Der erste Akt endet in der Nahaufnahme in Aufsicht[43] von Natalies Gesicht, sie ist bewusstlos und muss beatmet werden. Durch den Text des Liedes „Everytime your beauty shines on me…" und die harmonische Melodie wird aber schon an dieser Stelle des Films ein guter Ausgang suggeriert.

In diesen Anfangsminuten befinden sich sowohl Spannungsmomente als auch beinahe alle notwendigen Informationen, um den Verlauf der

---

[40] Ein Sanitäter sagt: „Sie muss sofort auf die Intensivstation", Georg Teuchert wird gefragt: „waren Sie das, der das Mädchen so zugerichtet hat?" Der Hinweis auf die Spurensicherung stellt die Situation als mögliches Verbrechen dar.
[41] Zu sehen das Standbild von Max im Griff der Polizisten
[42] Davies, Sam in: Quotenfieber, S.221: „Grabber: Szene, üblicherweise in den ersten Minuten des Films, die überrascht und das Publikum „packt"; auch bekannt als hook."
[43] Die Konzentration des Blicks wird so ganz auf das Gesicht Natalies gelenkt. Die Aufsicht unterstreicht ihre Hilflosigkeit. Durch das Bild wird versucht Nähe zum Zuschauer herzustellen, der durch seine Empathie die folgenden Akte mit Spannung und Mitgefühl verfolgt.

Geschichte zu erahnen. Niko, mit Sonnenbrille, zurückgegelten Haaren im auffälligen Jeep entspricht dem Klischeebild eines Zuhälters. Bei seinem Eintreffen wird die Musik dramatischer.[44] Dieses Bild wird nochmals deutlicher durch Max bestätigt. Max Besorgnis um Natalie macht ihn zur positiven, sympathischen Figur. Der Zuschauer glaubt ihm seine Anschuldigung. Gut und Böse sind, wie hier aufgezeigt sehr schnell und durch wenige Handlungen (meist kontrastiv zueinander) deutlich erkennbar.[45]

Der 1. Akt ist eine Vorwegnahme des ersten Teils des Endes (5. Akt). Hier treffen alle Handlungsstränge zusammen. Die Frage, ob Natalie die Operation gut überstehen wird, bleibt bis zum letzten Akt offen und bildet eine Klammer um den Hauptteil des Films, in dem aufgezeigt wird, wie es zu dem eben Gezeigten kam.

In diesen ersten Sequenzen wird jede Schuldzuweisung und damit auch moralische Bewertung vorgeführt. Durch die Vorwürfe der Mutter wird deutlich, dass neben Niko und Georg Teuchert auch die Eltern Schuld an Natalies Zustand tragen. Neben dem Abrutschen in die Prostitution ist es die Frage nach der Schuld der Figuren, die Neugier wecken.[46] Die Selbstanschuldigung der Mutter gibt dem Film eine zusätzliche Brisanz, ihre Nähe zur Lebenswelt der Zuschauer (Identifikation) legt die Frage nahe: „Was wäre, wenn ich in solch eine Situation gerate?".[47]

In diesen ersten vier Minuten des Films treten alle Hauptpersonen auf und sind bereits eindeutig charakterisiert. Aus jedem Handlungsstrang ist/sind die jeweilige/n Hauptperson/en anwesend. Jeder Handlungsstrang und das damit verbundene Erklärungs- Ursachenmodell sind so schon angedeutet. Durch die Vorwegnahme des Endes wird deutlich, dass der

---

[44] Anm.: Die Musik hat hier vorausdeutende Bedeutung, sie suggeriert dem erfahrenen Zuschauer, dass Niko etwas mit der Tat zu tun hat, oder zumindest eine mysteriöse Person ist.

[45] Vgl.: Bleicher, Joan Kristin in: Das kleine Kino, S.7: „Appelle an die Gefühlswelt sind verknüpft mit einem konservativen Impetus und der vereinfachten Bewertung von Gut und Böse."

[46] Vgl. Wulff, Hans J., Ryssel, Dirk in: TV-Movies Made in Germany, S.241: „Je stärker ausgeprägt das moralische Bewusstsein oder das Unrechtsbewusstsein ist, desto mehr steigt die Bereitschaft intensiv an derartigen Konflikten symbolisch teilzuhaben und dabei die Perspektive des Opfers einzunehmen. Empathische Teilnahme ist Teil einer Technik sich der eigenen moralischen Urteilskompetenz zu versichern. Die moralische Sozialisation ist strategisch und dient der Selbstversicherung des Zuschauers."

[47] Vgl. Davies, Sam in: Quotenfieber, S.97: „Er akzeptiert die Grundidee, dass der Plot meist ihm selbst widerfahren könnte, und darum spielt er mit."

Geschichte durch diese Anordnung der Szenen zusätzliche Spannung verliehen werden soll. Der Zuschauer weiß, während er Natalie in ihr Unglück stürzen sieht um das dramatische Ende im Krankenhaus. Übergeordnet steht am Anfang des Films neben der Frage nach dem „Warum" die Spannung, ob Natalie die Operation gut übersteht. Im Laufe der Handlung gerät dieses Spannungsmoment weiter in den Hintergrund. Kurzzeitspannung, wie z.B. die Frage, was wird passiert, als sie erpresst wird o.ä., sorgen für neue Erregung beim Zuschauer, da er auf die nächste dramatische Wendung wartet.

Auf die Nahaufnahme von Natalie im Krankenbett folgt mit einer sanfter Blende das Bild eines Schulhofs, ein Insert verrät: „Wenige Wochen vorher." Der Zuschauer sieht Natalie als ein typisches Teenager - Mädchen. Von dieser Sequenz an wird die Geschichte linear erzählt. Die Handlung des 1. Aktes wird im letzten Akt wieder aufgenommen und löst den Konflikt auf, ein harmonisches, hoffnungsvolles Ende wird präsentiert. Im 3. und 4. Akt werden die in der Exposition vorgestellten Konflikte[48] weiter ausgeführt. Jeder Handlungsstrang verfolgt eine eigene Dramaturgie und enthält ein Plot Element, das die Geschichte in eine andere Richtung lenkt oder dramatisiert.

3.2. Der 2. Akt: Exposition der Figuren und langsame Inszenierung der Konflikte

Nach den mit Informationen und Emotionen aufgeladenen ersten Minuten wird die Erzählweise merklich langsamer. Die folgenden Sequenzen zeigen erste Probleme Natalies auf und dienen der Charakterisierung ihrer Person.

Das vermeintliche Erlebnisversprechen nach voyeuristischen Perspektiven in das Milieu des Babystrichs wird nicht bedient. Stattdessen werden die Konflikte langsam und unspektakulär aufgebaut: Natalie trifft ihre Freundin Marion, die Natalie erzählt, dass man mit Fotos viel Geld verdienen kann. Natalie klaut Modeschmuck, da sie nicht genug Geld hat. Außerdem erfährt der Zuschauer, dass Max in sie verliebt ist. Für den Zuschauer ist

---

[48] Welche Schuld haben die Eltern? Was haben sie falsch gemacht? Wie kam es dazu, dass Georg Teuchert Natalie lebensgefährlich verletzt? Wie geriet Natalie an ihren Zuhälter?

selbstverständlich von Beginn an ersichtlich, dass Max der passende Freund für Natalie wäre. Seine Sorge und echte Fürsorge betonen den Kontrast zu Niko, der Natalies Gefühle nur ausnutzt.

Auf dem Schulhof trifft Natalie auf Marion, die in den folgenden Szenen negativ charakterisiert wird.[49] Der Zuschauer erfährt von Max` Liebe zu Natalie. Georg Teuchert tritt als Vater einer Klassenkameradin von Natalie auf.

Der Zuschauer sieht Natalie im Kaufhaus. Sie stiehlt ähnliche Ohrringe wie die von Marion.[50] Sie wird von G. Teuchert erwischt, der dort als Kaufhausdetektiv arbeitet. Er zeigt sich verständnisvoll und bietet ihr Hilfe an. Durch sein Handeln ist er ein Sympathieträger, aber durch das Vorwissen der Zuschauer wird er zu einer zwiespältigen Person. Dies weckt das Interesse, seine Geschichte vom verständnisvollen Mann zum Täter zu verfolgen.

Im Folgenden wird der Konflikt in der Familie vorgestellt. Natalie fühlt sich gegenüber ihrer kleinen Schwester ungerecht behandelt und nicht genug beachtet. Es kommt zum Streit mit dem Vater.

Die Szenen mit Georg Teuchert dienen der Charakterisierung seiner Person, sein familiärer Konflikt wird vorgestellt. Dieser familiäre Konflikt bietet dem Zuschauer ein Erklärungsmodell für sein Handeln (Das Scheitern seiner Ehe). Seine Frau, eine typische Karrierefrau wirft ihm vor Pornoheftchen zu lesen. Hier taucht zum ersten Mal ein sexueller Aspekt auf, der im konservativen Wertekanon als negativ bewertet wird.

Der Zuschauer sieht Natalie und Max in der Disco, sie kommen sich beinahe näher. Als Natalie zu Hause von ihrer Mutter zur Rede gestellt wird, zeigt sich diese verständnisvoll. Hier wird der vorher gezeigte familiäre Konflikt scheinbar gelöst oder zumindest entspannt. Es entsteht die irrationale Hoffnung (die selbstverständlich enttäuscht wird), dass Natalies Schicksal noch abwendbar ist. Hiermit endet der 2. Akt und es folgt eine Werbeunterbrechung.

---

[49] Sie ist frech, von der Schule geflogen. Klischeebild für „schlechten Umgang", sie wird Natalie nicht gut tun.
. [50] Dies deutet den schlechten Einfluss Marions auf Natalie an. Natalies Stehlen signalisiert Probleme.

Bis zu diesem Zeitpunkt sind die Konflikte nur angedeutet. Niko ist die einzige Hauptperson, die noch nicht aufgetreten ist. Natalies „Abrutschen" ins Milieu ist nicht ersichtlich, vielmehr werden typische Teenager Probleme und damit verbundene Konflikte im Elternhaus gezeigt. Diese Darstellungsweise fördert so eine Identifikation der Zuschauer mit der erzählten Geschichte, es wird suggeriert, dass Natalies Schicksal sich auch in der eigenen Familie wiederholen könnte. Diese vermeintliche Nähe zum Leben der Zuschauer erhöht somit auch das Interesse der Zuschauer am Fortgang der erzählten Geschichte.

3.3. Der 3. Akt: Konfliktdramatisierung und Plotpoints

Nach dem vergleichsweise ereignislosen 2. Akt folgen im 3. Akt entscheidende Ereignisse und Wendungen. Marion tritt auf, die Natalie zum Schwänzen der Schule verführt. Sie erzählt ihr, dass sich viel Geld mit Modeln verdiene und dass Natalie es auch versuchen solle. Der Zuschauer sieht Fotos von Marion in aufreizenden Posen,[51] die wenig an professionelle Modelfotos erinnern.

Der Zuschauer sieht endlich seine Erwartungen nach einer verhängnisvollen Wendung erfüllt, das erste Mal wird ein pseudo-voyeuristischer Einblick gegeben. Marion frech und aufreizend steht im Kontrast zur naiven Natalie, ihre Rolle dient der Initiierung des Konflikts, durch sie gerät Natalie in die Nähe des Rotlichtmilieus.

Nach diesem „gefährlichen" Angebot spitzt sich in den folgenden Szenen der familiäre Konflikt zu. Es kommt zum Streit wegen der Hausarbeit, Natalie reagiert nicht angemessen auf einen Asthma - Anfall ihrer Schwester, weshalb ihre Eltern wütend sind. Nach dieser Zuspitzung des familiären Konflikts kommt es im Fotostudio zum entscheidenden ersten Wendepunkt, als Natalie aufreizend fotografiert werden soll. Entsetzt stürzt sie eine Kamera um und flüchtet. Manfred, der Fotograf ist für den Zuschauer deutlich als unseriös erkennbar.

Diese und die darauf folgenden Szenen enthalten die ersten Plotpoints, Natalie befindet sich erstmals im Dunstkreis des Rotlichtmilieus,

---

[51] Auch hier wird ein weiteres typisches narratives Muster angewandt. Der Traum vom Topmodel endet für naive Mädchen meist bei unseriösen Fotografen, die billige Erotikfotos machen.

16

mangelndes Vertrauen zu den Eltern und die Erpressung des Fotografen signalisieren einen baldigen Einstieg in die versprochene „Erlebniswelt Kinderprostitution".

Auch in dem Handlungsstrang von Natalie und Georg Teuchert kommt es zu einem entscheidenden Plotpoint des Films. Georg Teuchert belästigt sie, indem er sie auf den Mund küsst.[52] Damit erhält ihre Beziehung eine sexuelle Komponente und die Geschichte zusätzliche Brisanz, da ihre Vertrauensperson, ein „ganz normaler Familienvater" sie missbraucht. Die beiden letzten Szenen zeigen die Sorge der Mutter um Natalie[53] (dies verstärkt auch die Spannung beim Zuschauer, da er weiß, dass sich ihre Sorge als berechtigt erweisen wird) sowie Natalies erste Begegnung mit Niko. Der Auftritt des Antagonisten Niko kurz vor der Werbeunterbrechung ist taktisch gewählt, hierdurch wird die Spannung vor der Werbeunterbrechung zusätzlich erhöht. Der familiäre Konflikt steht kurz vor dem Höhepunkt, Nikos Auftreten signalisiert eine entscheidende Wendung,[54] der Zuschauer erahnt die Konsequenzen dieser Ereignisse. Die letzte Szene vor einer abermaligen Werbeunterbrechung zeigt Niko und Natalie, die über den „Babystrich" fahren. Natalie fragt naiv, woher er die Mädchen kenne. Erst am Ende des 3. Aktes wird die Neugier des Zuschauers nach Bildern des Babystrichs befriedigt, also suggeriert, dass nach der Werbung das im Titel angegebene Erlebnisversprechen erfüllt wird. Die Szene dient zudem wieder als Hinweis, dass Niko wirklich ein „gemeiner" Zuhälter ist.

Außerdem stellt sie einen weiteren Anreiz dar, die Geschichte nun trotz der Werbeunterbrechung weiterzuverfolgen, denn die Gefahr und auch der sensationelle Einblick ins Milieu stehen kurz bevor.

3.4. Der 4. Akt: Zuspitzung der Konflikte

Im Mittelpunkt steht das für Natalie verhängnisvolle Zusammentreffen mit Niko und dessen Folgen. Natalie ist von Niko und seiner Welt

---

[52] Sie will mit Georg Teuchert reden, als dieser nicht da ist stiehlt sie aus Verzweiflung eine Kamera. Er erwischt sie und sie vertraut sich ihm an. Nach Empörung Georg Teucherts über den Fotografen eskaliert die Situation plötzlich.
[53] Auch hier eine stereotype Erzählweise. Der vielbeschäftigte Mann hat den Hochzeitstag vergessen. Er kann die Sorge der Mutter um Natalie nicht teilen→ Ahnungslose Eltern, Empathie durch Wissensvorsprung der Zuschauer.
[54] Da der Zuschauer weiß, dass er der Hauptschuldige sein muss.

begeistert[55]und verliebt sich in ihn. Auch dies ist ein klassisches Muster in TV-Movies, die naive Frau, die die Gefahr, in der sie sich befindet nicht erkennt[56]. Es kommt zum Höhepunkt des familiären Konflikts. Der Vater schlägt sie, sie fällt natürlich die falsche Entscheidung und flieht zu Niko. Der gibt sich als verständnisvoller Liebhaber. Dem Zuschauer wird angedeutet, dass Natalie und er miteinander geschlafen haben[57]. Gerade die völlige Auslassung einer Sexszene zwischen ihr und Niko und nur die Andeutung fördern ihre Intensität, da der Zuschauer die Leerstellen mit seiner Phantasie füllen muss.[58] Dies bestätigt wiederum die Tendenz zu einer voyeuristischen Perspektive auf Natalie, die zudem noch nackt zu Niko in die Badewanne steigt.

Der Handlungsstrang um die Probleme Georg Teucherts wird weitergeführt. Er hat eine Ehekrise und niemanden mit dem er reden kann (Der Zuschauer sieht Georg Teuchert auf dem Straßenstrich, der mit einer Prostituierten „nur reden" möchte). Dies zeigt einerseits die Einsamkeit Teucherts, wirft aber auch ein seltsames Licht auf ihn, da er sich ins Rotlichtmilieu begibt. Der Kuss mit Natalie und seine Nähe zu Prostituierten lassen ihn als eine Figur zwischen Verzweiflung und Unbeherrschtheit erscheinen. Er ist gleichzeitig Täter und Opfer und als eine der wenigen Figuren nicht eindimensional gezeichnet[59].

In den folgenden Szenen wird die Spannung durch das Vorwissen der Zuschauer aufrechterhalten. Die Kontrastmontage der besorgten Mutter, die Natalie sucht und von ihren schlechten schulischen Leistungen erfährt, mit der begeisterten Natalie, die sich „wie im Märchen" fühlt, geben den Szenen mehr Dramatik . Natalie läuft mit offenen Augen in ihr Unglück. Hier folgt eine solch klischeehafte Darstellung von Natalies Weg in die Prostitution, dass der intelligente Zuschauer an der angeblichen

---

[55] Hier bedient sich der Film des Cinderella Motivs, des armen Mädchens, dessen Prinz ihr die Welt zu Füßen legt, spannend unterlegt mit der Gefahr, in der sie sich unwissend befindet.

[56] Vgl. Davies, Sam in: Quotenfieber, S.34

[57] Niko: „War es schön?"

[58] Anm.: Natürlich wäre eine erotische Darstellung auch aus Jugendschutzgründen bei einer 20:15 Uhr Ausstrahlung nicht möglich.

[59] Anm.: Was nicht sagen soll, dass diese Figur nicht stereotyp dargestellt wird, die Mischung aus
Helfer, Täter und Opfer lassen seinen Charakter jedoch etwas mehrdimensionaler wirken.

Authentizität zweifeln muss. Niko zeigt endlich sein wahres, böses Gesicht. Er gibt Natalie Tabletten und lässt sie von Manfred in erotischen Posen fotografieren. Während Natalie benebelt im Jeep sitzt, kassiert Niko auf dem Straßenstrich ab. Natalie erkennt weiterhin nicht die Gefahr. Eine Warnung von Marion ignoriert sie. Zwei Szenen weiter bedient Natalie ihren ersten Freier um Niko zu helfen, wie sie glaubt.

Zweimal scheint die Rettung Natalies nah, dies sind retardierende Momente, die der Geschichte nur kurzweilig eine vermeintliche Wendung geben: Sie vertraut sich G. Teuchert an, der sie nach hause bringt, aber Niko fängt sie vor der Tür ab. Max findet sie auf dem Straßenstrich, gesteht ihr seine Liebe und bittet sie mitzukommen, wird aber von Niko vertrieben.

Eine Erklärung warum Natalie nun wie es scheint fast freiwillig auf den Strich geht wird nicht gegeben, aber man sieht sie betrunken. Vor der letzten Werbeunterbrechung ruft Natalie zu Hause an, um zu sagen dass es ihr gut gehe. Dies deutet an, dass sie ihre Familie vermisst und sich langsam ihrer Lage bewusst wird. Nikos Auftreten und seine bedrohliche Frage, ob alles in Ordnung ist, verdeutlichen Natalies Hilflosigkeit.

Dem aufmerksamen Zuschauer fällt auf, dass sie die gleiche Kleidung wie im ersten Akt trägt und sich in der Tatwohnung aufhält, der entscheidende Wendepunkt muss kurz bevor stehen. Auch dies ist typisch für ein TV-Movie; der Zuschauer erhält viele eindeutige Hinweise.

3.5. Der 5.Akt: Höhepunkt und Auflösung der Konflikte

Der letzte Akt ist vergleichsweise wieder ereignisreich und ähnelt dem ersten. Hier läuft alles auf den „Showdown", den Angriff auf Natalie hinaus.

Frau Teuchert will sich scheiden lassen, bezeichnet ihren Mann als Versager. Georg Teuchert macht sich auf die Suche nach Natalie (sein Motiv dafür ist nicht deutlich
ersichtlich). Schlussendlich erreicht er Nikos Haus, als dieser wegfährt. Er bietet Natalie seine Hilfe an, als diese ihn beschimpft und sich ihm anbietet, eskaliert die Situation. Georg Teuchert schlägt zu, sie fällt unglücklich und ist sofort bewusstlos. Diese Szene schließt die erzählte

Analepse. Der Zuschauer sieht Georg Teuchert auf dem Polizeirevier, er beteuert seine Unschuld. Die letzte Szene deutet das Happy End an. Natalie öffnet im Krankenbett die Augen, ihre Familie ist bei ihr, Max steht in der Tür. Sie lebt und wird wieder gesund werden. Der familiäre Konflikt scheint gelöst, Max` Anwesenheit deutet eine glückliche Beziehung mit ihm an.

3.6. Zusammenfassung:

Die Ausrichtung der Dramaturgie auf die Werbeunterbrechungen ist ersichtlich, kurz vor jeder Werbeunterbrechung wird dem Zuschauer eine Szene präsentiert, die die Spannung erhöht (Auftritt von Niko, Natalie und Niko auf dem Straßenstrich etc.). Die Zopfdramaturgie ermöglicht auch für später einsteigende Zuschauer einen schnellen Einstieg in die Konflikte. Spannung entsteht aus der Mischung von Empathie mit Natalie, Identifikation mit der gezeigten Welt und dem Informationsvorsprung der Zuschauer. Kontrastmontagen z. B. Natalie in der „Glitzerwelt" und Frau Schneider auf dem Polizeirevier werden häufig verwendet.

Der Titel ist sensationeller als der wirklich gezeigte Inhalt, dient aber mit den ersten Szenen zur Aufrechterhaltung der Spannung über den zweiten Akt. Während Natalies Weg in die Nähe des Rotlichtmilieus detailliert aufgezeigt wird ist ihr Weg vom ersten Freier auf den Straßenstrich kaum beschrieben. Im Fokus des TV-Movies stehen Ursachen, damit werden, wie schon erwähnt, dem Zuschauer Erklärungsmodelle angeboten, der Film betreibt so eine Pseudo- Aufklärung, die die Wahl der Thematik vor den Zuschauern und den Landesmedienanstalten rechtfertigen. Den Erklärungsmodellen zugrunde liegt, auf den ersten Blick überraschend ein konservatives Wertmodell, das man häufig in TV-Movies vorfindet.

So wird im Folgenden auf den Aspekt der Wertevermittlung eingegangen.

4. Wertevermittlung

„In den Prozess der Meinungsbildung einbezogen, erfüllen TV-Movies keine unmittelbaren Agenda-Setting-Funktionen ( ), doch befassen sie sich mit Aktuellem und Akutem, dessen Zirkulation sie in Gang halten, und haben teil an der Reproduktion von Werten Meinungen und Anschauungen."[60]

„TV-Movies zeigen eine generelle Fokussierung auf das Wertmodell Familie."[61]und auch bei Natalie ist es die Zusammenführung der klassischen Familie die das Happy End ausmacht.

Eine große Rolle nehmen bei „Natalie" die Konflikte in den Familien Schneider und Teuchert ein, die nicht dem idealtypischen Bild von Hausfrau und arbeitendem Ehemann entspricht. Beide Frauen sind berufstätig und es wird suggeriert, dass dieser Umstand die familiären Konflikte noch fördert, gar zu Natalies Schicksal führte. Frau Schneider hat nicht genug Zeit sich ausreichend um Natalie zu kümmern.[62] Der Film propagiert eine Mitschuld der Eltern, da die Familienstrukturen versagt haben[63], hätten sie mehr Zeit für Natalie gehabt, wäre es nie soweit gekommen.

Auch Georg Teuchert scheitert im Familienleben, was ihn zum Täter macht. Seine Frau als typische Karrierefrau bezeichnet ihn als Versager[64] und will sich von ihm scheiden lassen. Sie behandelt ihn gefühlskalt und dominant. Überspitzt gesehen treibt sie ihn so in Rage und Verzweiflung[65], so dass er zum Täter wird.

In den gezeigten Erklärungs- und Ursachenmodell werden die Eltern so zu Erfüllungsgehilfen von Nikos Plan, da sie Natalie geradezu in seine Arme treiben.

Diese mitschwingende Spannung zwischen Traditionalismus und Modernität ist vielen TV-Movies zu Eigen[66], dadurch entsteht wie hier ein „zwiespältiges Verhältnis zwischen Progressivität und gesellschaftlichem Fortschritt."[67]Die traditionelle Familienstruktur wird durch das Versagen der gezeigten Familienstrukturen als erstrebenswert erklärt. Diese

---

[60] Merschmann, Helmut in: TV-Movies Made in Germany S.119
[61] Ebd.:S.123
[62] Z.B.: Sie merkt nicht, dass Natalie erpresst wird, sie weiß nicht von Natalies schlechten schulischen Leistungen.
[63] Die Schläge des Vaters stellen einen entscheidenden Wendepunkt dar, statt Vertrauen aufzubauen treibt er sie aus dem Haus.
[64] Dieser Beschimpfung wird eine hohe Bedeutung zugeschrieben, da Teuchert, als Natalie ihn auch als Versager bezeichnet ausrastet und sie schlägt.
[65] Anzeichen für seine Verzweiflung sind z.B.: Er liest Pornoheftchen, küsst Natalie, geht auf den Straßenstrich um zu reden etc.
[66] Vgl. Merschmann, Helmut in: TV-Movies Made in Germany S.123
[67] Ebd. S.122

propagierten konservativen Werte entsprechen dem Familienideal der meisten Zuschauer, was als weitere Taktik zum möglichst breiten Erfolg zu sehen werden kann. Sie fühlen sich in ihren Werten bestätigt. Natalies Ausbruch aus der Familie wird bestraft, bis am Ende des Films wieder moralische Geschlossenheit herrscht. Gerade das Ende ist signifikant, da nur Natalies Familie und deren Zukunft die Auflösung des Konflikts darstellen und die Harmonie wieder herstellen. Die Zukunft der Familie Teuchert bleibt offen, eine gerechte Bestrafung von Niko wird nicht erwähnt.

5. Fazit

Der untersuchte TV-Movie stammt aus den Anfangsjahren der TV-Movie Produktionen, deshalb können die charakteristischen Merkmale gut sichtbar gemacht werden. Viele dieser TV-Movie - Charakteristika treffen auch auf zahlreiche Fernsehfilme der öffentlich-rechtlichen Sender zu. Eine Abgrenzung vom TV-Movie zum Fernsehfilm, wie in den Anfangsjahren propagiert, ist nicht unbedingt ersichtlich. Vielmehr ist ein Unterschied zum Kinofilm ersichtlich, da sowohl der Einstieg in den Film schneller ist, als auch eine „andere Rhythmik der Rezeption" angesteuert wird.[68]

Die Ausrichtung der Filmproduktion nach kommerziellen Gesichtspunkten bleibt bestehen und beeinflusst sowohl Dramaturgie als auch die Darstellung von Figuren. Einen langsamen Einstieg in eine Geschichte, poetische Titel o.ä. wie in Kinofilmen können sich die wenigsten Fernsehfilme leisten, da die ständige Gefahr des Zappens der Zuschauer besteht. TV-Movies müssen immer wieder Anreize bieten, keine Szene nach der Werbeunterbrechung verpassen zu wollen. Daraus resultiert der immer wieder gleiche bzw. ähnliche dramaturgische Aufbau.

Neben der Kritik an vielen TV-Movies bleibt zu beachten, dass diese bis heute vom Publikum erfolgreich angenommen werden. Auch qualitativ eher minderwertige Filme wie der oben analysierte können einen sehr

---

[68] Vgl.: Wulff, Hans J.: TV-Movies Made in Germany S.227: „Auch die hohe Bedeutung der Überraschung deutet darauf hin, dass TV-Spielfilme eine andere Rhythmik der Rezeption ansteuern als wir sie aus dem Kinofilm gewohnt sind."

hohen Bekanntheitsgrad erreichen. Natalie ist auch heute mehr als 10 Jahre nach der Erstausstrahlung auffällig vielen Menschen ein Begriff, die Hauptdarstellerin Ann-Sophie Briest wird als Expertin zum Thema Kinderprostitution im Fernsehen befragt. Gleichzeitig wurde der Film zum Synonym vieler Kritiker für mindere Qualität und klischeehafte Darstellung in Filmen.

Worin der Erfolg des Films liegt ist nicht beweisbar. Ist es der voyeuristische Aspekt der ständig unterschwellig präsent ist, die Brisanz des Themas? Oder doch auf eine für den Zuschauer befriedigende narrative Struktur zurückzuführen? Ich denke, dass der Titel und der affektuelle Gehalt stark zum Erfolg beigetragen haben, die Fokussierung auf Natalies Weg in die Prostitution verspricht einen pseudo-aufklärerischen Familienfilm mit brisantem Inhalt, sprich, die meisten Familienmitglieder sind mit einem der aufgeführten Aspekte zu ködern. Der Film gibt viele Möglichkeiten zur empathischen Teilnahme, gefördert durch stereotype Darstellung, so dass ähnlich wie in Daily Soaps die schauspielerischen Leistungen für den Zuschauer nicht im Vordergrund stehen. Der Film bestätigt vorhandene Klischees und konservative Wertmodelle, der Zuschauer kann sich entspannen, hat Gesprächsstoff für den nächsten Tag und fühlt sich in seiner Meinung bestätigt. Ob er sich in einem Jahr noch an den Film erinnern wird, bleibt fraglich. Ein TV-Movie ist bis auf wenige Ausnahmen ein eher flüchtiges Fernsehereignis zur entspannenden Unterhaltung nach einem anstrengenden Arbeitstag, das versucht, alle ökonomischen Anforderungen möglichst optimal zu erfüllen. Selten werden dabei wirklich originelle Geschichten erzählt.

Filmografie:

Natalie- Endstation Babystrich, Erstausstrahlung: 23.11.1994 bei Sat.1.
Regie: Hermann Zschosche, Buch: Marius de Mestre, Christina Christoff.
Darsteller: Anne-Sophie Briest, Nina Hoger, Udo Schenk, Volker Kraeft,
u.a.

„Der Sandmann", Erstausstrahlung 1995 RTL II.
Regie: Nico Hofmann, Buch: Matthias Seelig.
Darsteller: Götz George, Karoline Eichhorn, Barbara Rudnik u.a.

Literaturverzeichnis:

Bleicher, Joan Kristin: Fernsehen als Mythos: Poetik eines narrativen
Erkenntnissystems. Opladen1999

Bleicher, Joan Kristin: TV-Movies – What´s the Difference. In: epd medien
Nr.24/25 vom 5.4.1997, S.3-4.

Bleicher, Joan Kristin: Das kleine Kino. Deutsche TV-Movies der
neunziger Jahre. In: epd medien Nr.89 vom 13.11.1999, S.5-10.

Davies, Sam: Quotenfieber. Das Geheimnis erfolgreicher TV-Movies.
Bergisch-Gladbach 2000.

Field, Syd, Andreas Meyer, Gunther Witte, Gebhard Henke u.a.:
Drehbuchschreiben für Film und Fernsehen. München 2000 (7.Auflage)

Hickethier, Knut: Fernsehfilm? TV-Movie? Reality Soap? Gibt es noch
eine Dramaturgie des deutschen Fernsehfilms. In: Dramaturg. Nachrichten
der dramaturgischen Gesellschaft 2/00, S.4-21

Wulff, Hans J. (Hrsg.): TV-Movies „Made in Germany". Struktur,
Gesellschaftsbild, Kinder- und Jugendschutz. (1.Bd.: Historische,
inhaltsanalytische und theoretische Studien). Kiel (ULR) 2000 (ULR
Schriften Bd. 16).